škola - мактаб	2
putešestvie - саёҳат	5
transport - нақлиёт	8
gorod - шаҳр	10
landšaft - ландшафт	14
restoran - тарабхона	17
supermarket - супермаркет	20
napitki - нӯшокиҳои	22
eda - таъом	23
ferma - ферма	27
dom - хона	31
gostinaâ - меҳмонхона	33
kuhnâ - ошхона	35
vannaâ komnata - ҳамом	38
detskaâ komnata - ҳуҷраи кӯдакона	42
odežda - либос	44
ofis - идора	49
èkonomika - иқтисодиёт	51
professii - касбҳо	53
instrumenty - асбобҳо	56
muzykal'nye instrumenty - асбобҳои мусиқӣ	57
zoopark - боғи ҳайвонот	59
sport - варзиш	62
dejstviâ - фаъолият	63
sem'â - оила	67
telo - бадан	68
bol'nica - бемористон	72
neotložnyj slučaj - ҳолати фавқулодда	76
zemlâ - замин	77
časy - вақт	79
nedelâ - ҳафта	80
god - сол	81
formy - баст	83
cveta - рангҳо	84
protivopoložnosti - мухолифат	85
cyfry - ададҳо	88
âzyki - забонҳо	90
kto / čto / kak - ки / чиро / тавр	91
gde - дар кучо	92

Impressum
Verlag: BABADADA GmbH, Nedderfeld 112 , 22529 Hamburg
Geschäftsführer / Verlagsleitung: Harald Hof
Druck: Books on Demand GmbH, In de Tarpen 42, 22848 Norderstedt

Imprint
Publisher: BABADADA GmbH, Nedderfeld 112 , 22529 Hamburg, Germany
Managing Director / Publishing direction: Harald Hof
Print: Books on Demand GmbH, In de Tarpen 42, 22848 Norderstedt, Germany

škola
мактаб

klassnaâ komnata
синф
delit'
тақсим кардан
doska
тахтаи синф
škol'nyj dvor
саҳни мактаб
učitel'
муаллим
bumaga
коғаз
pisat'
навиштан
ručka
ручка
pis'mennyj stol
мизи хатнависӣ
linejka
ҷадвал
kniga
китоб
učenik
талаба

ranec
ҷузвдон

penal
қаламдон

karandaš
қалам

točilka
қаламтезкунак

lastik
хаткуркунак

al'bom dlâ risovaniâ
блокноти расмкашӣ

2 škola - мактаб

risunok

расм

kistočka

мӯқалами рассомӣ

korobka krasok

қуттии рангҳо

nožnicy

қайчӣ

klej

ширеш

tetrad'

дафтари машқ

domašnââ rabota

вазифаи хонагӣ

cyfra

рақам

pribavlât'

ҷамъ кардан

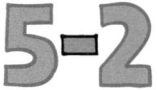

vyčitat'

кам кардан

umnožat'

зарб задан

sčitat'

ҳисоб кардан

bukva

ҳарф

alfavit

алфавит

slovo

калима

škola - мактаб

tekst
матн

čitat'
хондан

mel
бӯр

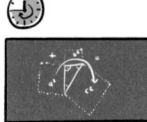
urok
дарс

klassnyj žurnal
журнали синфӣ

èkzamen
имтиҳон

diplom
шаҳодатнома

škol'naâ forma
либоси мактабӣ

obrazovanie
таҳсил/маориф

èncyklopediâ
энсиклопедия

universitet
донишгоҳ

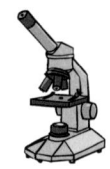
mikroskop
микроскоп (more frequently used)

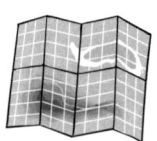
karta
харита

korzina dlâ bumag
сабади партофҳои коғазӣ

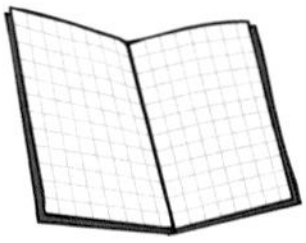

škola - мактаб

putešestvie
саёҳат

gostinica
меҳмонхона
turbaza
хобгоҳ
punkt obmena valûty
нуқтаи мубодилаи асъор
čemodan
чамадон
avtomobil'
мошин

âzyk
забон

da / net
ҳа / не

horošo
Хуб

Privet
Ассалому алейкум

perevodčik
тарҷумон

Spasibo
Раҳмат

Skol'ko stoit…?
чӣ қадар аст …?

Â ne ponimaû
Ман намефаҳмам

problema
проблема

Dobryj večer!
шаб ба хайр!

Dobroe utro!
субҳ ба хайр

Dobroj noči!
шаби хуш

Do svidaniâ
хайр

napravlenie
равона

bagaž
бағоҷ

sumka
ҷузвдон

rûkzak
борхалта

gost'
меҳмон

komnata
хона

spal'nyj mešok
хобхалта

palatka
хайма

putešestvie - саёҳат

turističeskaâ informacyâ

маълумоти сайёҳӣ

plâž

соҳил

kreditnaâ kartočka

корти кредитӣ

zavtrak

наҳорӣ

obed

хӯроки пешин

užyn

хӯроки шом

bilet

чипта

lift

лифт

počtovaâ marka

марка

granica

сарҳад

tamožnâ

Гумрук

posol'stvo

сафорат

viza

раводид

pasport

шиноснома

putešestvie - саёҳат

transport
нақлиёт

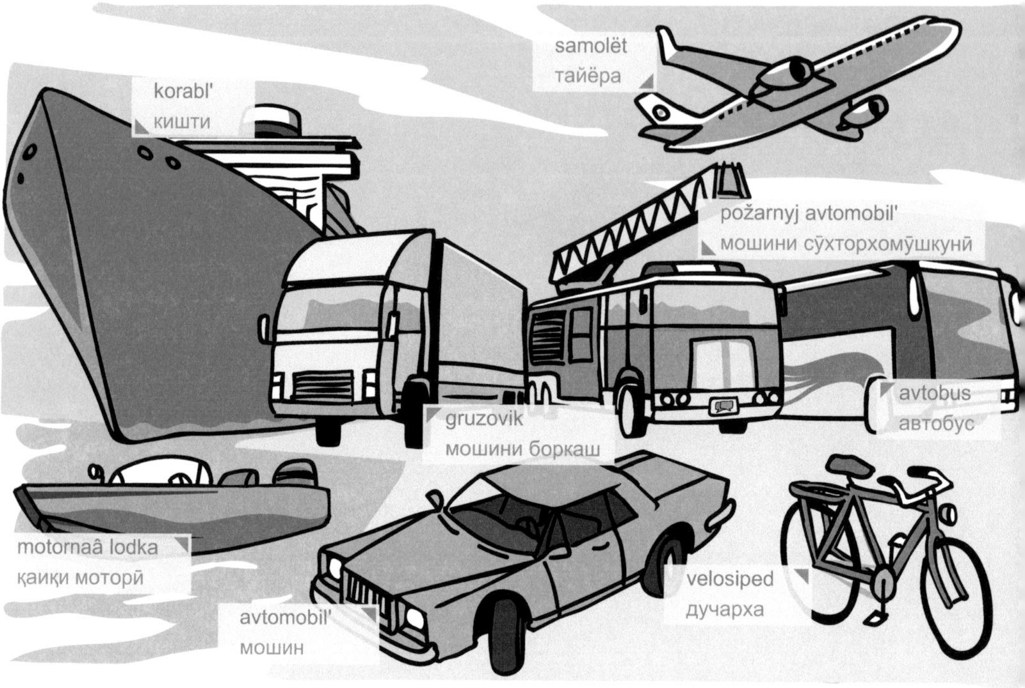

korabl'
кишти

samolët
тайёра

požarnyj avtomobil'
мошини сӯхторхомӯшкунӣ

gruzovik
мошини боркаш

avtobus
автобус

motornaâ lodka
қаиқи моторӣ

avtomobil'
мошин

velosiped
дучарха

parom
паром

lodka
қаиқ

motocykl
мотосикл

policejskij avtomobil'
мошини полис

gonočnyj avtomobil'
мошини тезрави пойгаи

arendovannyj avtomobil'
кирояи мошинҳо

sovmestnoe pol'zovanie avtomobilâmi
ҳамроҳ истифодабарии мошин

buksirovočnyj avtomobil'
эвакуатор

musorovoz
партовҷамъкунӣ

dvigatel'
муҳаррик

toplivo
сӯзишворӣ

zapravka
нуқтаи фурӯши сӯзишворӣ

dorožnyj znak
аломати роҳ

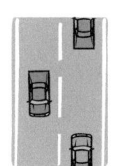

dviženie
ҳаракат

probka
бандшавии ҳаракати роҳ

avtostoânka
ҷои исти мошинҳо

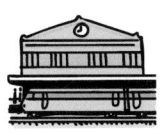

vokzal
истгоҳи роҳи оҳан

rel'sy
роҳи оҳан

poezd
қатора

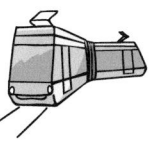

tramvaj
тамвай

vagon
вагон

transport - нақлиёт

vertolët

чархбол

aèroport

фурудгоҳ

vyška

манора

passažyr

мусофир

kontejner

контейнер

korobka

щутии картонӣ

teležka

ароба

korzina

сабад

vzletat' / prizemlât'sâ

гирифтан / замин

gorod
шаҳр

derevnâ

деҳа

centr goroda

маркази шаҳр

dom

хона

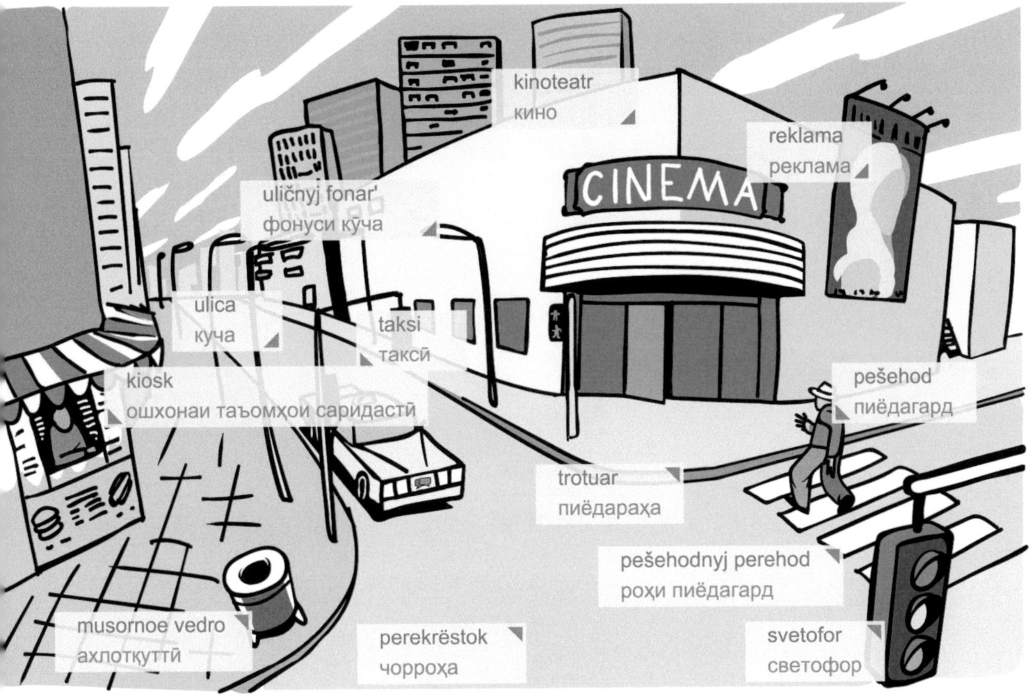

kinoteatr
кино

reklama
реклама

uličnyj fonar'
фонуси кӯча

ulica
кӯча

taksi
такси

pešehod
пиёдагард

kiosk
ошхонаи таъомҳои саридастӣ

trotuar
пиёдараҳа

pešehodnyj perehod
роҳи пиёдагард

musornoe vedro
ахлоткуттӣ

perekrëstok
чорроҳа

svetofor
светофор

hižyna
кулба

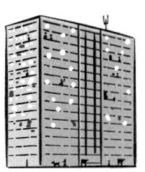
kvartira
ҳамвор

vokzal
истгоҳи роҳи оҳан

ratuša
бинои маъмурияти шаҳр

muzej
осорхона

škola
мактаб

gorod - шаҳр

universitet

донишгоҳ

bank

бонк

bol'nica

бемористон

gostinica

меҳмонхона

apteka

доухона

ofis

идора

knižnyj magazin

сехи китоб

magazin

сехи

cvetočnyj magazin

мағозаи гулфурӯшӣ

supermarket

супермаркет

rynok

бозор

univermag

универмаг

torgovec ryboj

мағозаи моҳифурӯшӣ

torgovyj centr

маркази савдо

port

бандар

park

парк

skamejka

бонк

most

пул

lestnica

зинапоя

metro

метро

tonnel'

нақби

avtobusnaâ ostanovka

истгоҳи автобус

bar

бар

restoran

тарабхона

počtovyj âŝik

қуттии почта

tablička s nazvaniem ulicy

аломати номи кӯчаҳо

parkometr

ҳисобкунаки исти мошинҳо

zoopark

боғи ҳайвонот

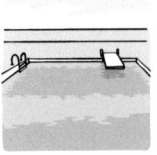

bassejn

ҳавзи шиноварӣ

mečet'

масҷид

gorod - шаҳр

ferma

ферма

zagrâznenie okružaûŝej sredy

ифлоскунӣ

kladbiŝe

қабристон

cerkov'

калисо

detskaâ ploŝadka

майдончаи бозӣ

hram

маъбад

landšaft

ландшафт

list
барг
dorožnyj ukazatel'
аломати роҳнамо
doroga
роҳ
lug
алафзор
kamen'
санг
putešestvennik
сайёҳ
derevo
дарахт
reka
дарё
trava
алаф
cvetok
гул

14 landšaft - ландшафт

dolina

водӣ

gora

кӯҳ

ozero

кул

les

беша

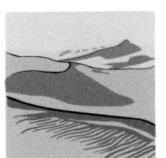

pustynâ

биёбон

vulkan

вулкан

zamok

қалъа

raduga

рангинкамон

grib

занбӯруғ

pal'ma

дарати нахл

komar

хомӯшак

muha

паридан

muravej

мурча

pčela

занбур

pauk

тортанак

landšaft - ландшафт

žuk
гамбӯсак

lâguška
қурбоққа

belka
санҷоб

ež
хорпушт

zaâc
харгӯш

sova
бум

ptica
парранда

lebed'
мурғи қу

kaban
хуки ваҳшӣ

olen'
оҳу

los'
гавазн

plotina
сарбанд

vetrânoj generator
турбина шамол

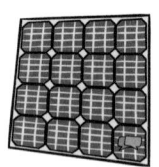

solnečnaâ batareâ
панел офтобӣ

klimat
иқлим

landšaft - ландшафт

restoran
тарабхона

- oficyant / пешхизмат
- menû / меню
- stul / курсӣ
- sup / шӯрбо
- picca / Pizza
- stolovye pribory / асбобу анҷоми хӯрокхӯрӣ
- skatert' / дастархон

zakuska
стартер/корандоз

glavnoe blûdo
хӯроки асосӣ

desert
десерт

napitki
нӯшокиҳои

eda
таъом

butylka
шиша

fastfud
Хӯроки Тез Таёр мешуда

uličnaâ eda
хӯроки кӯчагӣ

čajnik
чойник

saharnica
шакардон

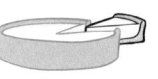
porcyâ
қисм/порча

kofevarka
мошини espresso

detskij stul'čik
курсии кӯдакона

sčet
ҳисоб

podnos
зарфмонак

nož
корд

vilka
чангол

ložka
қошуқ

čajnaâ ložka
қошуқча

salfetka
сачоқи қоғазӣ

stakan
истакон

18 restoran - тарабхона

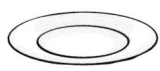

tarelka

табақча

supovaâ tarelka

косача

blûdce

тақсимча

sous

соус

solonka

намакдон

mel'nica dlâ perca

мурчдон

uksus

сирко

maslo

равғани растанӣ

specyi

приправа

ketčup

кетчуп

gorčica

хардал

majonez

майонез

restoran - тарабхона

supermarket
супермаркет

specyal'noe predloženie
пешниҳоди махсус

pokupatel'
мизоч

moločnye produkty
шир

frukty
мева

teležka dlâ pokupok
аробача

mâsnoj magazin
дукони гӯштфурӯшӣ

pekarnâ
дукони нонфурӯшӣ

vzvešyvat'
баркашидан

ovoši
сабзавот

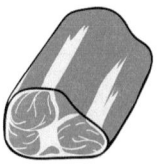

mâso
гӯшт

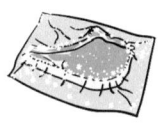

bystrozamorožennye produkty
хӯроки яхбаста

supermarket - супермаркет

narezka

тилимҳои борик буридаи гушт

konservy

озуќаворї консервонидашуда

stiral'nyj porošok

хокаи либосшӯӣ

sladosti

ширинӣ

predmet domašnego obihoda

асбоби рӯзгор

moûŝee sredstvo

воситаҳои тозакунанда

prodavŝica

фурӯшанда

kassa

касса

kassir

кассир

spisok pokupok

рӯихати харидкунӣ

vremâ raboty

соат ифтитоҳи

bumažnik

ҳамён

kreditnaâ kartočka

корти кредитӣ

sumka

ҷузвдо

poliètilenovyj paket

пакет

napitki
нӯшокиҳои

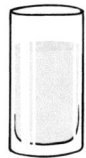
voda
об

sok
шарбат

moloko
шир

koka-kola
кола

vino
шароб

pivo
оби ҷав

alkogol'
машрубот

kakao
какао

čaj
чой

kofe
қаҳва

èspresso
эспрессо

kapučino
каппучино

eda
таъом

banan
банан

âbloko
себ

apel'sin
норанҷӣ

arbuz
харбуза

limon
лимӯ

morkov'
сабзӣ

česnok
сир

bambuk
бамбук

luk
пиёз

grib
занбӯруғ

orehi
чормағз

lapša
угро

spagetti — спагеттӣ

ris — биринҷ

salat — салат

kartofel' fri — картошкаи қоқак

žarenyj kartofel' — картошкабирён

picca — Pizza

gamburger — гамбургер

sèndvič — бутербурод

šnicel' — шнитсел

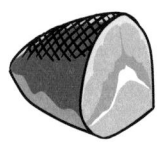

vetčina — гӯшти намакардаи хук

salâmi — ҳасиби салямӣ

kolbasa — ҳасиб

kurica — мурғ

žarkoe — кабоб

ryba — моҳӣ

ovsânye hlop'â

ярмаи ҷав

mûsli

омехтаи ғалладонагӣ

kukuruznye hlop'â

ярмаи ҷуворимакка

muka

орд

kruassan

кулчақанд

buločka

кулчақанд

hleb

нон

tost

як порча нони бирён

pečen'e

кулчачаҳои қандин

maslo

маска

tvorog

творог

pirog

пирог

âjco

тухм

âičnica

тухм бирён

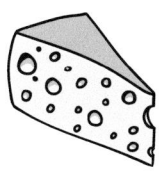

syr

панир

eda - таъом

25

moroženoe	sahar	mëd
яхмос	шакар	асал

marmelad	krem s nugoj	karri
мураббо	хамираи ҳалво	Curry

eda - таъом

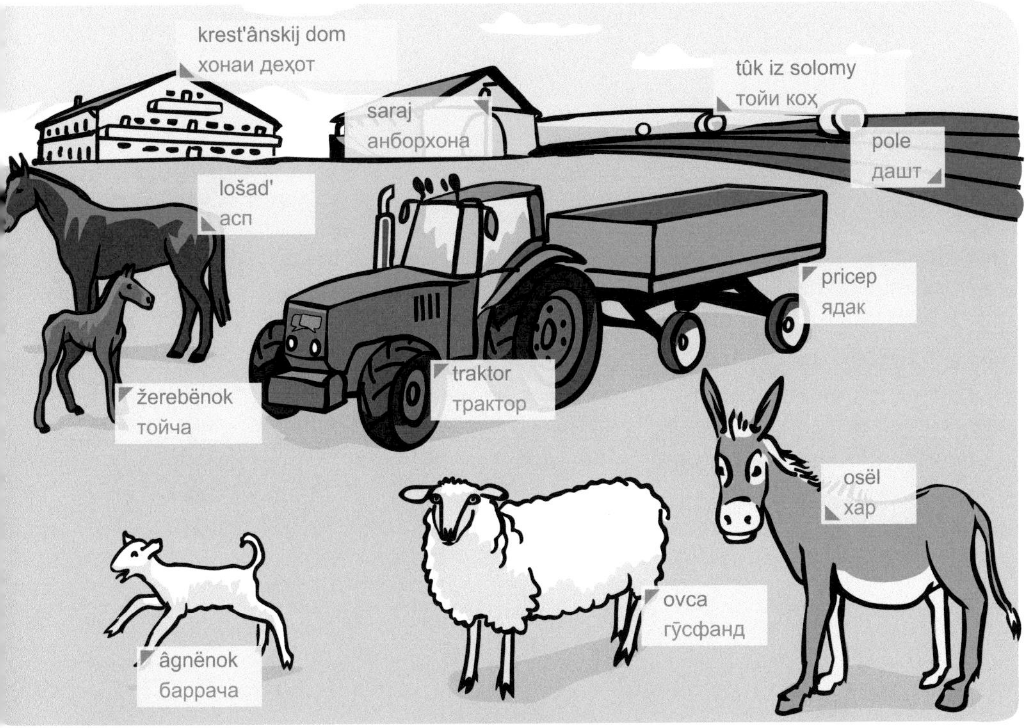

ferma
ферма

krest'ânskij dom
хонаи деҳот

saraj
анборхона

tûk iz solomy
тойи коҳ

pole
дашт

lošad'
асп

pricep
ядак

žerebënok
тойча

traktor
трактор

osël
хар

âgnënok
баррача

ovca
гӯсфанд

koza
буз

korova
гов

telënok
гӯсола

svin'â
хук

porosënok
хукча

byk
буққа

ferma - ферма

gus'

қоз

utka

мурғобӣ

cyplёnok

чӯҷа

kurica

мурғ

petuh

хурӯс

krysa

каламуш

koška

гурба

myš'

муш

vol

барзагов

sobaka

саг

konura

хоначаи саг

sadovyj šlang

рӯдаи резинӣ

lejka

камобӣ метавонад

kosa

дос

plug

сипори шудгоркунии замин

serp
доси

motyga
каланд

navoznye vily
панҷшоха

topor
табар

tačka
ароба

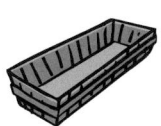

koryto
охур

bidon dlâ moloka
зарфи ширгирӣ

mešok
халта

zabor
девор

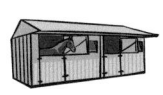

hlev
мӯътадил

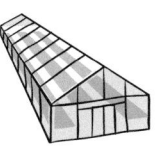

teplica
гармхона

počva
хок

posev
тухмӣ

udobrenie
нуриҳо

kombajn
комбайни ғаллағундорӣ

ferma - ферма

sobirat' urožaj

ҳосил

urožaj

ҳосил

âms

yams

pšenica

гандум

soâ

лубиж

kartofel'

картошка

kukuruza

ҷуворӣ

raps

донаи маъсар

fruktovoe derevo

дарахти мева

maniok

manioc

zlaki

ғалладона

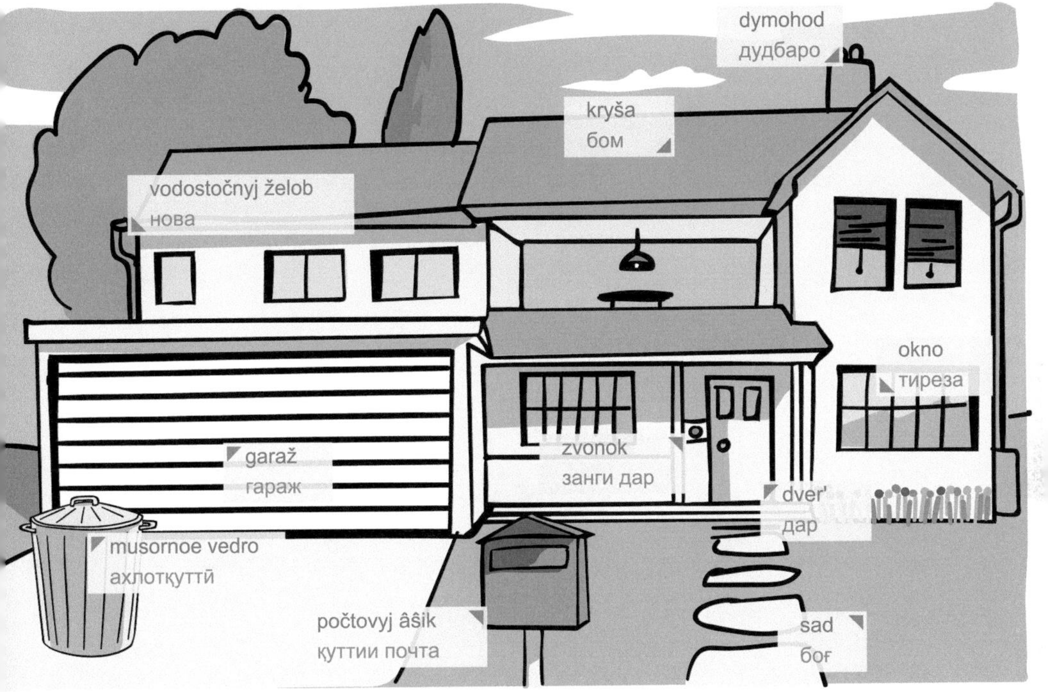

dom
хона

dymohod
дудбаро
kryša
бом
vodostočnyj želob
нова
okno
тиреза
garaž
гараж
zvonok
занги дар
dver'
дар
musornoe vedro
ахлотқуттӣ
počtovyj âŝik
қуттии почта
sad
боғ

gostinaâ

мехмонхона

vannaâ komnata

ҳамом

kuhnâ

ошхона

spal'nâ

хонаи хоб

detskaâ komnata

ҳуҷраи кӯдакона

stolovaâ

ошхона

dom - хона 31

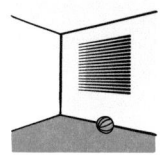

pol

ошёна

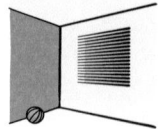

stena

девор

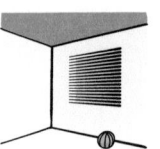

potolok

шифт

podval

тагзаминӣ

sauna

сауна

balkon

балкон

terrasa

суфача

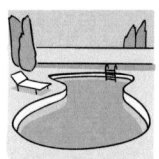

bassejn

ҳавз

gazonokosilka

мошини алафдарав

pododeâl'nik

варақ

pokryvalo

кампал

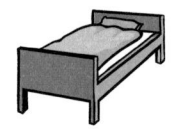

krovat'

кат

metla

ҷорӯб

vedro

сатил

vyklûčatel'

калид

dom - хона

gostinaâ
мехмонхона

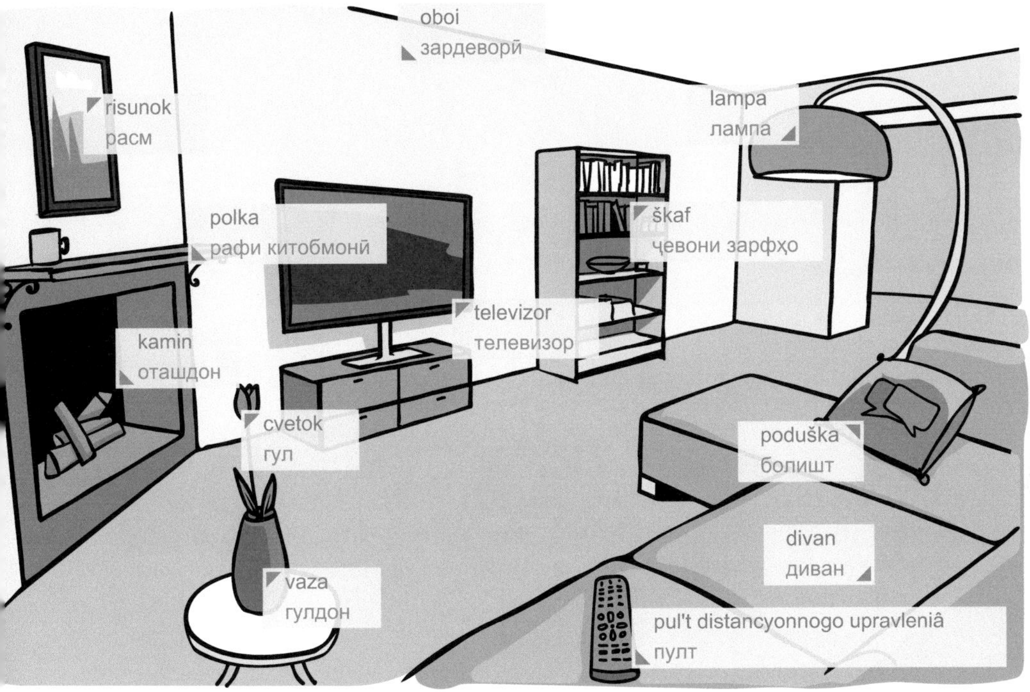

oboi / зардеворӣ
risunok / расм
lampa / лампа
polka / рафи китобмонӣ
škaf / чевони зарфҳо
kamin / оташдон
televizor / телевизор
cvetok / гул
poduška / болишт
divan / диван
vaza / гулдон
pul't distancyonnogo upravleniâ / пулт

kovër
___
қолин

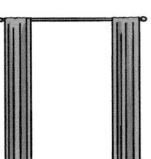

štora
___
парда

stol
___
мизи

stul
___
курсӣ

kreslo-kačalka
___
rocking кафедраи

kreslo
___
курсӣ

kniga
китоб

pokryvalo
курпа

ukrašenie
ороиш

drova
ҳезум

fil'm
филм

stereosistema
дастгоҳи hi-fi

klûč
калид

gazeta
рӯзнома

kartina
расм

plakat
эълон

radio
радио

bloknot
китобчаи қайдҳо

pylesos
чангкашак

kaktus
кактус

sveča
шам

kuhnâ
ошхона

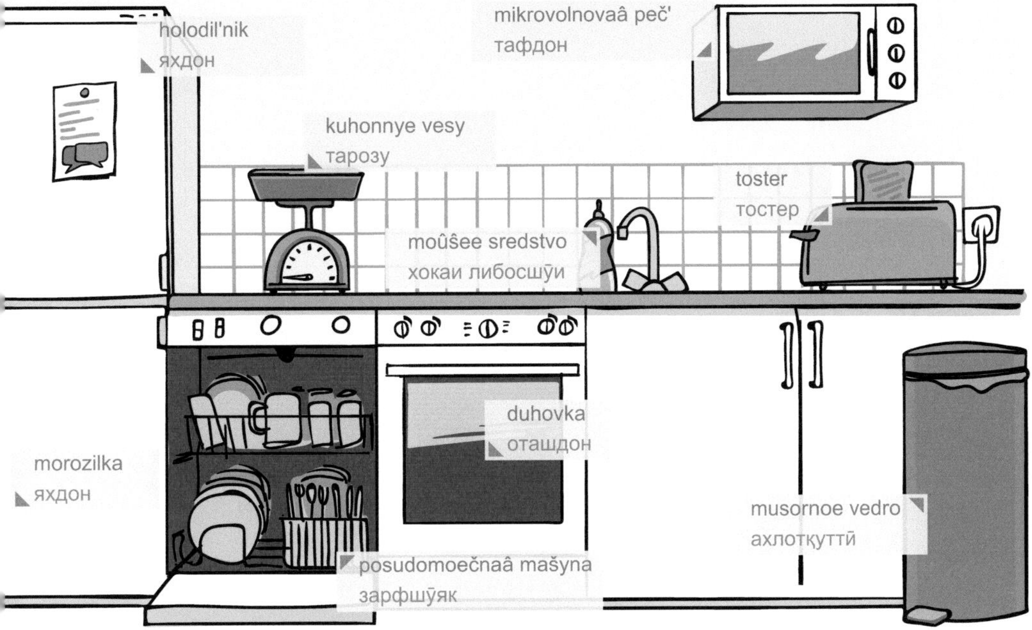

holodil'nik
яхдон

mikrovolnovaâ peč'
тафдон

kuhonnye vesy
тарозу

moûŝee sredstvo
хокаи либосшӯи

toster
тостер

morozilka
яхдон

duhovka
оташдон

musornoe vedro
ахлоткуттӣ

posudomoečnaâ mašyna
зарфшӯяк

plita
плита

kastrûlâ
тубак

čugunnyj kotelok
дег

vok / kadaj
дег / кадӣ

skovoroda
тоба

čajnik
чойник

parovarka
steamer

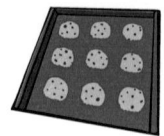

protiven'
лист

posuda
зарф

kružka
кружка

miska
коса

paločki dlâ edy
чубаки хурокхӯрӣ

polovnik
кафлези

lopatka
кафлези ҳамвор

sbivalka
whisk

sito
strainer

sito
элак

tërka
турбтарошак

stupka
миномет

gril'
Кабоб Кардан

kostër
оташ кушод

kuhnâ - ошхона

doska

тахтаи резакунӣ

skalka

чӯба

štopor

пӯккашак

žestânaâ banka

банка

konservnyj nož

консервокушояк

prihvatka

дастак

rakovina

дастшӯяк

ŝetka

чӯтка

gubka

исфанҷ

mikser

блендер

morozil'naâ kamera

сармодон

butyločka dlâ kormleniâ

шишача

kran

ҷумак

kuhnâ - ошхона 37

vannaâ komnata
ҳамом

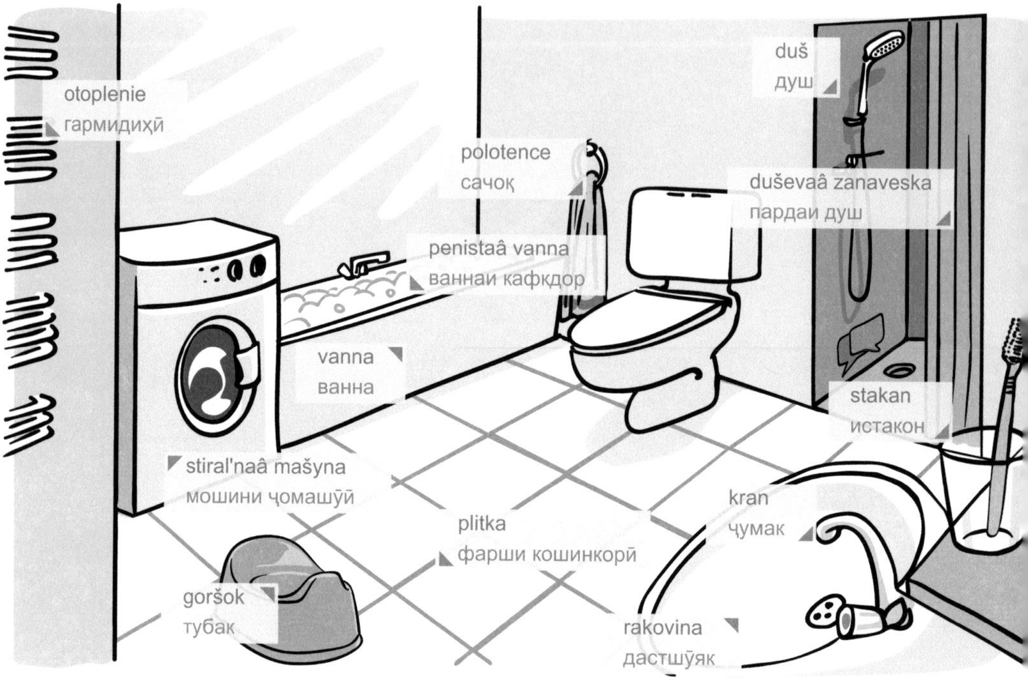

otoplenie
гармидиҳӣ

duš
душ

polotence
сачоқ

duševaâ zanaveska
пардаи душ

penistaâ vanna
ваннаи кафкдор

vanna
ванна

stakan
истакон

stiral'naâ mašyna
мошини ҷомашӯй

kran
чумак

plitka
фарши кошинкорӣ

goršok
тубак

rakovina
дастшӯяк

tualet
ҳоҷатхона

napol'nyj unitaz
нишастгоҳи халоҷои рӯйфарш

bide
биде

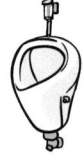

pissuar
ҳоҷатхонаи мардона

tualetnaâ bumaga
коғази ташноб

eršyk
чӯткаи ҳоҷатхона

vannaâ komnata - ҳамом

zubnaâ ŝetka

дандоншӯяк

zubnaâ pasta

хамираи дандоншӯи

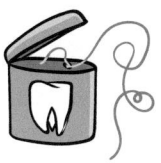

zubnaâ nit'

риштаи дандонтозакунӣ

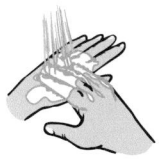

myt'

шӯстан

ručnoj duš

души дастӣ

intimnyj duš

обшӯӣ

taz

ҳавза

ŝetka dlâ spiny

шона кардани мӯй

mylo

собун

gel' dlâ duša

гел барои душ

šampun'

шампун

močalka

бумазӣ

stok

заҳкаш

krem

крем

dezodorant

дезодорант

zerkalo

оина

ručnoe zerkalo

оинаи дастӣ

britva

риштарошаки барқи

pena dlâ brit'â

кафк барои риштарошӣ

los'on posle brit'â

оби мушкини баъди риштарошӣ

rasčeska

шона

ŝetka

чӯтка

fen

мӯйхушкунак

lak dlâ volos

лак барои мӯй

kosmetika

косметика

gubnaâ pomada

лабсурхкунак

lak dlâ nogtej

лок барои нохун

vata

пахта

manikûrnye nožnicy

қайчии нохунгирӣ

duhi

атриёт

kosmetička

ҷузвдони косметики

taburetka

қазои ҳоҷат

vesy

тарозу

halat

хилъат

rezinovye perčatki

дастпӯшак резина

tampon

тампон

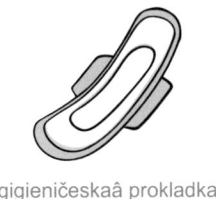

gigieničeskaâ prokladka

дастмоли санитарӣ

biotualet

био-ҳоҷатхона

vannaâ komnata - ҳамом

detskaâ komnata
ҳуҷраи кӯдакона

budil'nik
соати рӯимизии зангдор

mâgkaâ igruška
бозичаи мулоим

igrušečnyj avtomobil'
мошини бозича

kukol'nyj domik
хоначаи бозичагӣ

podarok
ҳузур

pogremuška
тиқ-тиқ кардан

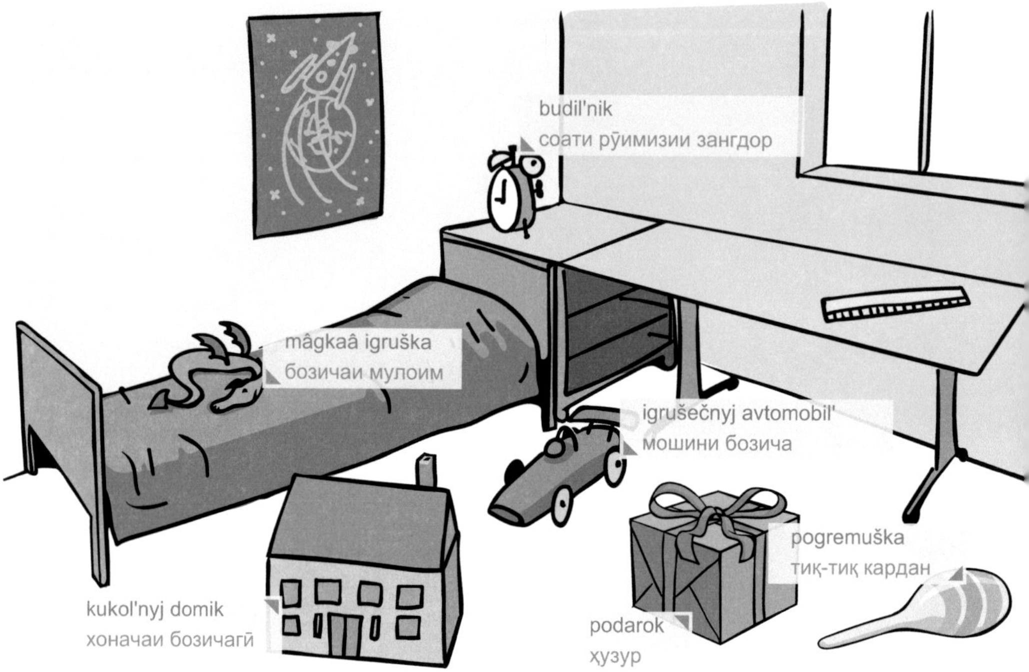

vozdušnyj šar

пуфак

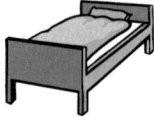

krovat'

кат

detskaâ kolâska

аробочаи кудакона

kartočnaâ igra

маҷмӯи кортҳо

pazl

бозии муамоёбӣ

komiks

комикс

detskaâ komnata - ҳуҷраи кӯдакона

kirpičiki Lego

хиштҳои лего

kubiki

мағозаи бозичафурӯхтан

igrušečnaâ figurka

рақам амал

polzunki

либоси ғаваккашӣ

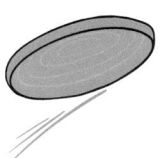

frisbi

фрисби

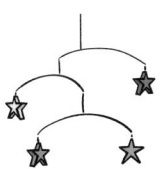

mobile

мобилӣ

nastol'naâ igra

лавҳачаи бозӣ

kubik

кубик

model' železnoj dorogi

маҷмӯи модели қатора

soska

пистонак

večerinka

ҳизб

kniga s kartinkami

китоби расм

mâč

тӯб

kukla

лӯхтак

igrat'

бози кардан

pesočnica

қуттии рег

kačeli

арғунчак

igruška

бозича

igrovaâ pristavka

консоли бозиҳои видеой

trëhkolesnyj velosiped

велосипеди сечарха

plûševyj medvežonok

хирсаки бахмалии патдор

škaf dlâ odeždy

ҷевон

odežda
либос

noski

ҷуроб

čulki

ҷуроби соқбаланд

kolgotki

колготки

šarf / гарданпеч

zontik / чатр

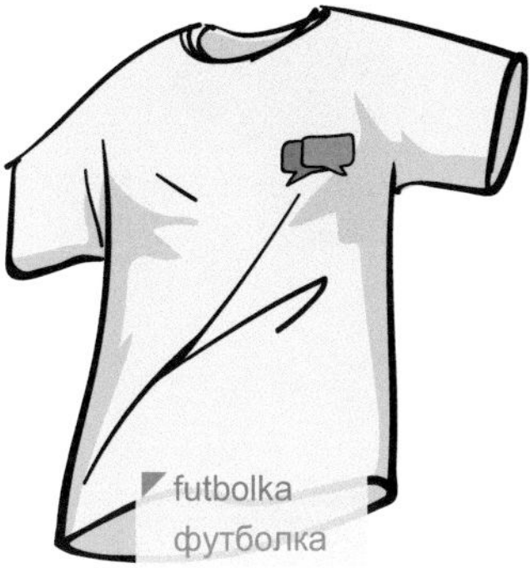

futbolka / футболка

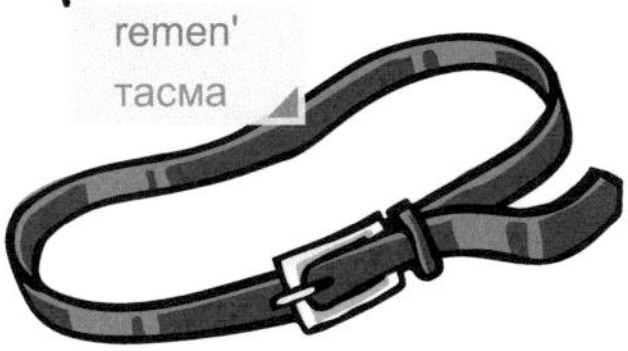

remen' / тасма

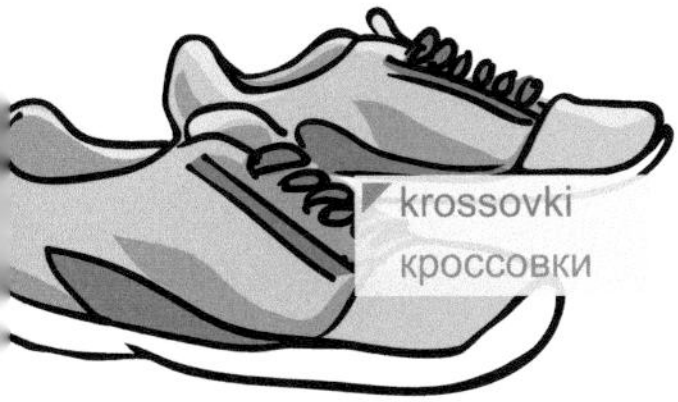

krossovki / кроссовки

sapogi / пойафзол

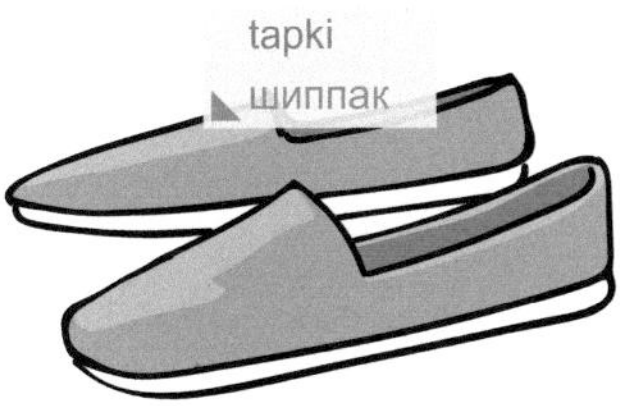

tapki / шиппак

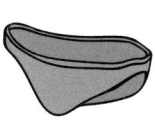

sandalii

босоножкӣ

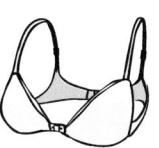

botinki

пойафзол

rezinovye sapogi

музаи резинӣ

trusy

турсӣ

bûstgal'ter

синабанд

majka

майка

odežda - либос

bodi

бадан

brûki

шим

džynsy

ҷинс

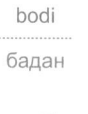

ûbka

юбка

bluzka

куртаи нимтаи занона

rubaška

курта

sviter

свитер

sviter

свитер

sportivnaâ kurtka

пиҷак

žaket

нимтана

pal'to

палто

plaŝ

плаш

kostûm

костюм

plat'e

куртаи занона

svadebnoe plat'e

либос тӯйи

mužskoj kostûm

костюм

nočnaâ soročka

куртаи хоб

pižama

пижама

sari

Сари

platok

рӯймол

tûrban

салла

parandža

ниқобу

kaftan

кафтан

abajâ

абая

kupal'nik

либоси обозӣ

plavki

эзорчаи шиноварии мардона

šorty

шорти

sportivnyj kostûm

либоси варзишӣ

fartuk

пешбанд

perčatki

дастпӯшак

odežda - либос

pugovica

тугма

očki

айнак

braslet

дастпона

cepočka

гарданбанд

kol'co

ангуштарин

ser'ga

гӯшвора

šapka

кулоҳ

vešalka

либосовезак

šlâpa

кулоҳ

galstuk

галстук

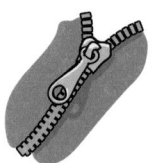

zastežka molniâ

занҷирак

šlem

тоскулоҳ

podtâžki

шимбардор

škol'naâ forma

либоси мактабӣ

forma

либоси

detskij nagrudnik

пешгир

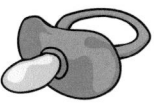

soska

пистонак

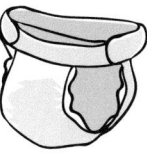

podguznik

подгузник

ofis
идора

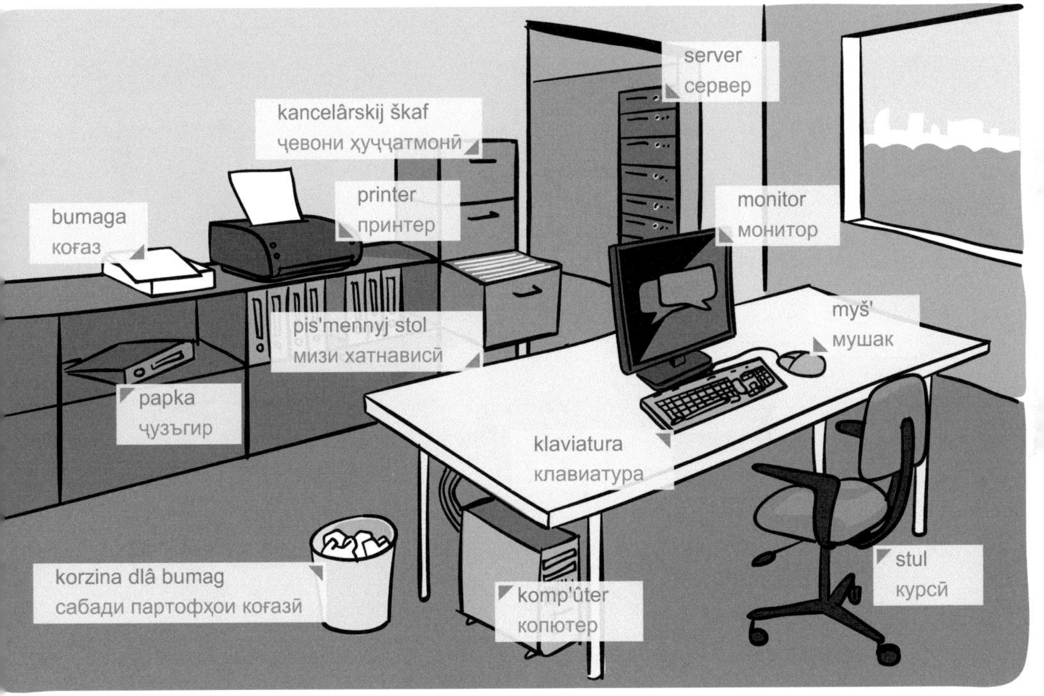

bumaga
коғаз

kancelârskij škaf
ҷевони ҳуҷҷатмонӣ

printer
принтер

server
сервер

monitor
монитор

pis'mennyj stol
мизи хатнависӣ

myš'
мушак

papka
ҷузъгир

klaviatura
клавиатура

korzina dlâ bumag
сабади партофҳои коғазӣ

komp'ûter
коѝютер

stul
курсӣ

kofejnaâ kružka

кружкаи қаҳванӯшӣ

kal'kulâtor

калкулятор

internet

интернет

noutbuk
ноутбук

pis'mo
мактуб

soobŝenie
хабар

mobil'nyj telefon
телефони мобилӣ

set'
шабака

kseroks
нусхабардор

programma
нармафзор

telefon
телефон

rozetka
розетка

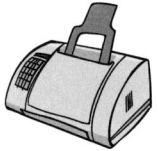
faks
факс

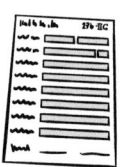
formulâr
шакл

dokument
ҳуҷҷат

ofis - идора

èkonomika
иқтисодиёт

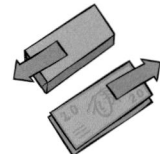
pokupat'
харидан

platit'
пардохт

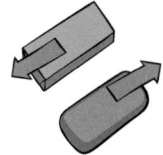
torgovat'
савдо

den'gi
пул

dollar
доллар

evro
евро

iena
йен

rubl'
рубл

frank
франки швейцариягӣ

žèn'min'bi ûan'
юан

rupiâ
рупӣ

bankomat
нуқтаи нақд

punkt obmena valûty
нуқтаи мубодилаи асъор

zoloto
тилло

serebro
нуқра

neft'
равғани растанӣ

ènergiâ
энерги

cena
нарх

dogovor
шартнома

nalog
андоз

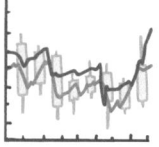
akcyâ
саҳмия

rabotat'
кор

služašij
хизматчӣ

rabotodatel'
соҳибкор

fabrika
завод

magazin
сехи

èkonomika - иқтисодиёт

professii
касбҳо

milicyoner
корманди полис

požarnyj
сӯхторхомушкун

pilot
халабон

vrač
духтур

povar
ошпаз

sadovnik
боғбон

stolâr
чӯбтарош

šveâ
дӯзанда

sud'â
судя

himik
кимиёшинос

aktër
актер

voditel' avtobusa

ронандаи автобус

taksist

таксист

rybak

моҳигир

uborŝica

фаррошзан

krovel'ŝik

устои бомпӯш

oficyant

пешхизмат

ohotnik

шикорчӣ

hudožnik

расом

pekar'

нонвой

èlektrik

барқ

stroitel'

сохтмончӣ

inžener

инженер

mâsnik

қассоб

santehnik

устои шабакаи об

počtal'on

хаткашон

professii - касбҳо

soldat

сарбоз

arhitektor

меъмор

kassir

кассир

florist

гулфурӯш

parikmaher

сартарош

konduktor

кондуктор

mehanik

механик

kapitan

капатан

zubnoj vrač

духтури дандон

učenyj

олим

ravvin

хохом

imam

имом

monah

шайх

svâŝennik

саркоҳин

instrumenty
асбобҳо

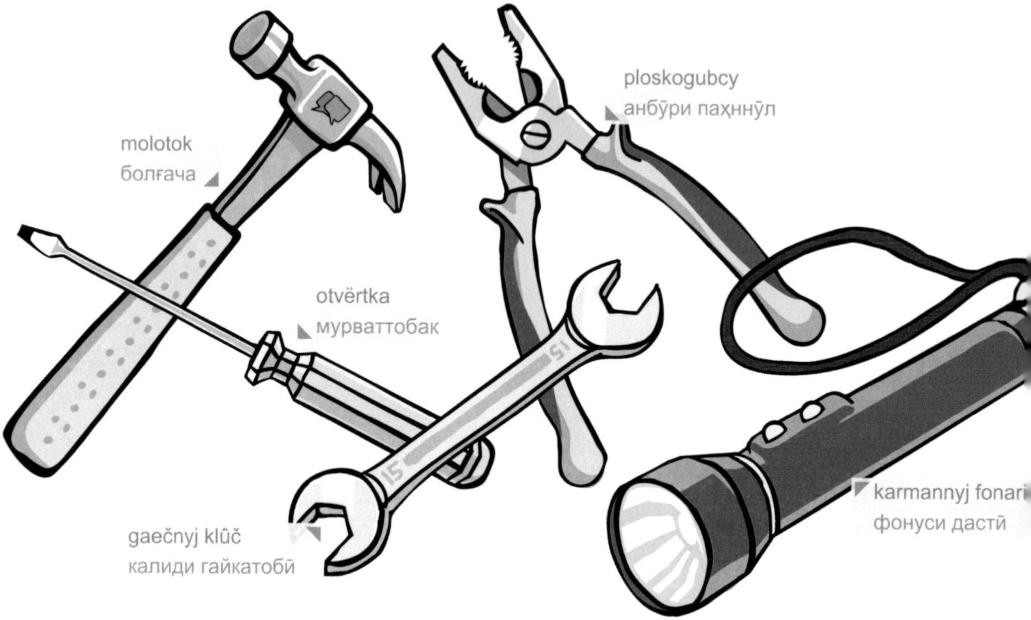

ploskogubcy
анбӯри паҳннӯл
molotok
болғача
otvërtka
мурваттобак
karmannyj fonari
фонуси дастӣ
gaečnyj klûč
калиди гайкатобӣ

èkskavator

экскаватор

âŝik dlâ instrumentov

қутии асбобҳо

stremânka

зинапоя

pila

арра

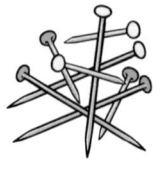

gvozdi

мехҳо

drel'

пармаи электрикӣ

remontirovat'
таъмир

lopata
бел

Blin!
Сабил монад!

sovok
белчаи хокрӯбагирӣ

vedro s kraskoj
сатили ранг

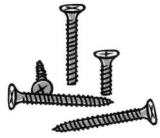

vinty
мехи печдор

muzykal'nye instrumenty
асбобҳои мусиқӣ

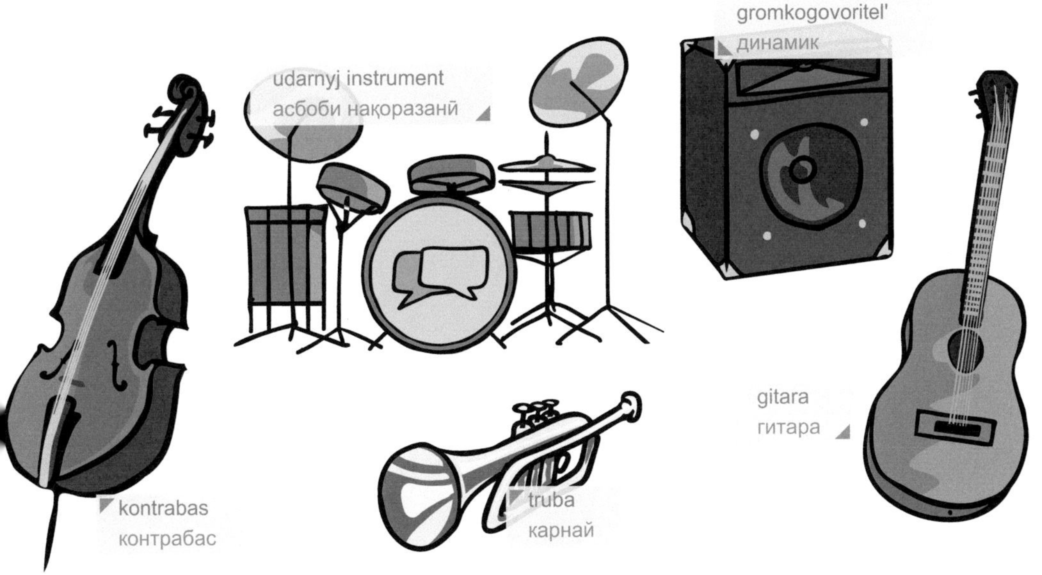

udarnyj instrument
асбоби нақоразанӣ

gromkogovoritel'
динамик

gitara
гитара

kontrabas
контрабас

truba
карнай

pianino

пианино

skripka

ғиҷҷак

bas-gitara

бас-гитара

litavry

нақораи поядор

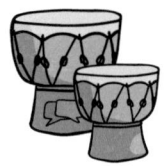

baraban

нақора

sintezator

клавиатура

saksofon

саксофон

flejta

най

mikrofon

баландгӯяд

zoopark

боғи ҳайвонот

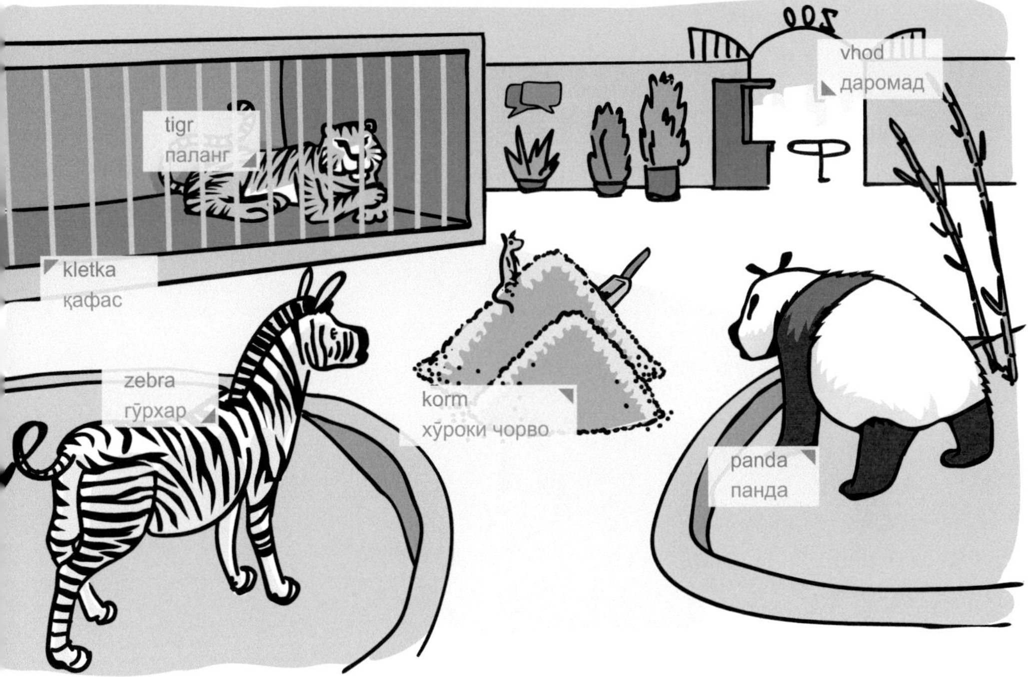

vhod
даромад
tigr
паланг
kletka
қафас
zebra
гӯрхар
korm
хӯроки чорво
panda
панда

žyvotnye

ҳайвонот

slon

фил

kenguru

кенгуру

nosorog

каркадан

gorilla

горилла

medved'

хирси бӯр

verblûd

шутур

straus

шутурмурғ

lev

шер

obez'âna

маймун

flamingo

бутимор

popugaj

тӯти

belyj medved'

хирси сафед

pingvin

пингвин

akula

наҳанг

pavlin

товус

zmeâ

мор

krokodil

тимсоҳ

služytel' zooparka

посбон

tûlen'

сил

âguar

ягуар

poni

аспи кӯтоҳқад

leopard

леопард

begemot

баҳмут

žyraf

заррофа

orël

уқоб

kaban

хуки ваҳшӣ

ryba

моҳӣ

čerepaha

сангпушт

morž

морж

lisa

рӯбоҳ

gazel'

ғизол/оҳу

zoopark - боғи ҳайвонот

sport

варзиш

futbol

футбол

badminton

бадмингтон

lëgkaâ atletika

атлетика

gandbol

гандбол

lyžnyj sport

лижаронӣ

polo

тӯббозӣ бо асп

dejstviâ
фаъолият

prygat' — паридан
obnimat' — оғӯш гирифтан
smeât'sâ — ханда
pet' — шеър хондан
idti — пиёда рафтан
molit'sâ — ибодат кардан
celovat' — бӯса кардан
mečtat' — орзӯ кардан

pisat'

навиштан

risovat'

кашидан

pokazyvat'

нишон додан

nažymat'

тела додан

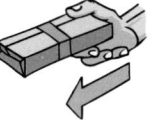

davat'

додан

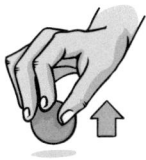

brat'

гирифтан

imet'

доранд

delat'

кор

byt'

бошад

stoât'

истодан

bežat'

давидан

tânut'

кашидан

brosat'

партофтан

padat'

афтидан

ležat'

дароз кашидан

ždat'

интизор шудан

nosit'

бардошта бурдан

sidet'

нишастан

nadevat'

либос пӯшидан

spat'

хобин

prosypat'sâ

бедор шудан

rassmatrivat'

нигоҳ кардан

plakat'

гиря кардан

gladit'

сила кардан

pričesyvat'

шона

govorit'

гап задан

ponimat'

фаҳмидан

sprašyvat'

пурсидан

slušat'

гӯш кардан

pit'

нӯштдан

kušat'

хӯрдан

navodit' porâdok

ғундоштан

lûbit'

ишқ

gotovit'

ошпаз

ehat'

рондан

letat'

парвоз кардан

dejstviâ - фаъолият 65

hodit' pod parusom

бо бодбон ҳаракат кардан

sčitat'

ҳисоб кардан

čitat'

хондан

učit'sâ

омӯхтан

rabotat'

кор

vstupat' v brak

оиладор шудан

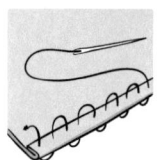

šyt'

дӯхтан

čistit' zuby

дадон шӯстан

ubivat'

куштан

kurit'

дуд

otpravlât'

фиристодан

sem'â
оила

babuška
биби

deduška
бобо

papa
падар

mama
модар

mladenec
кӯдак

doč'
хоҳар

syn
писар

gost'

меҳмон

tetâ

хола

dâdâ

амак

brat

бародар

sestra

хоҳар

telo
бадан

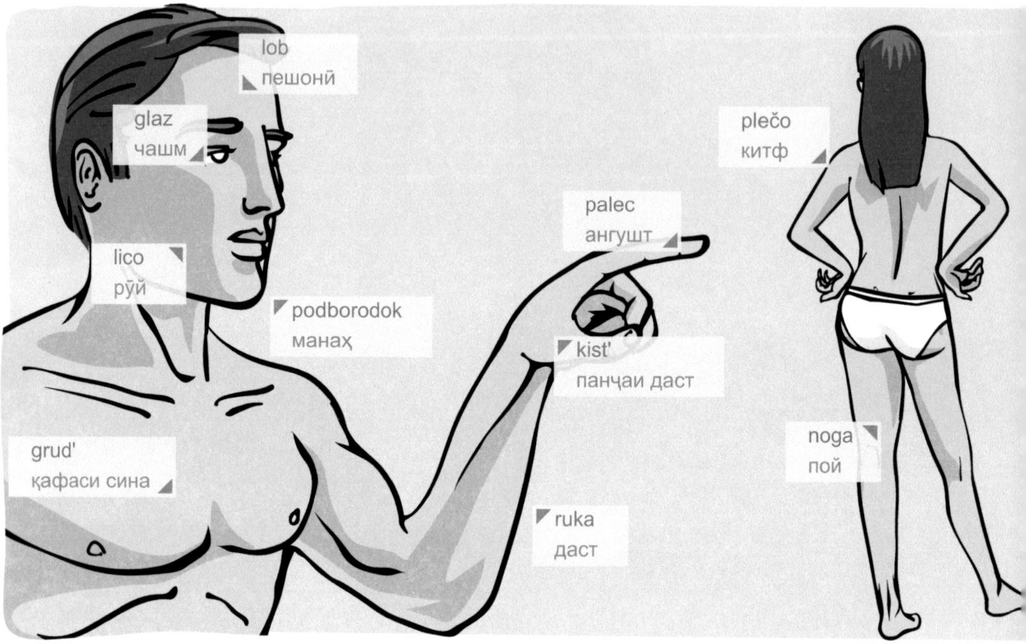

lob
пешонӣ

glaz
чашм

lico
рӯй

podborodok
манаҳ

palec
ангушт

kist'
панҷаи даст

plečo
китф

grud'
қафаси сина

ruka
даст

noga
пой

mladenec

кӯдак

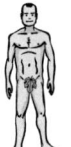

mužčina

мард

ženšina

зан

devočka

духтар

mal'čik

писар

golova

сар

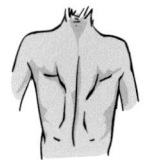

spina

пушт

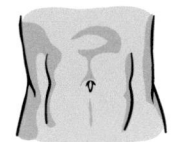

žyvot

шикам

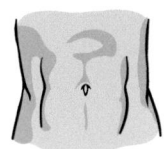

pupok

ноф

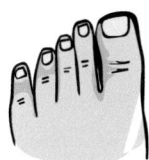

palec nogi

ангушти пой

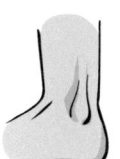

pâtka

пошнаи пой

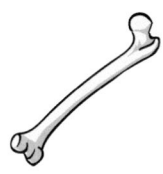

kost'

устухон

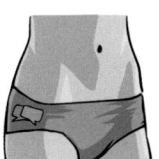

bedro

рон

koleno

зону

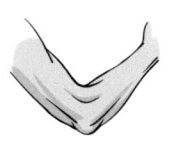

lokot'

оринҷ

nos

бинӣ

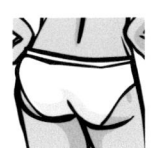

âgodicy

таг

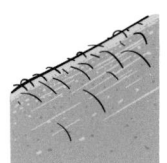

koža

пӯст

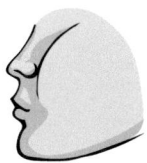

ŝeka

рухсора

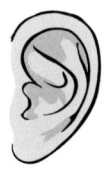

uho

гӯш

guba

лаб

rot

даҳон

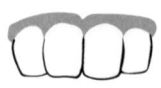

zub

дадон

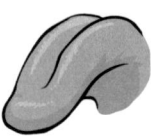

âzyk

забон

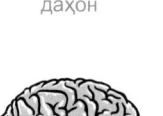

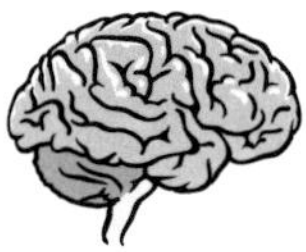

mozg

майнаи сар

serdce

дил

myšca

мушак

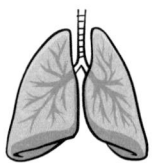

lëgkoe

шуш

pečen'

ҷигар

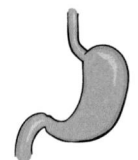

želudok

меъда

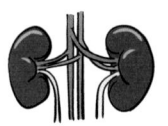

počki

гурдаҳо

polovoj akt

алоқаи ҷинсӣ

prezervativ

рифола

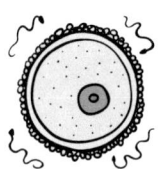

âjcekletka

тухмҳуҷайра

sperma

нутфа

beremennost'

ҳомиладорӣ

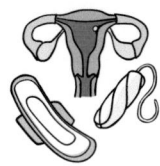

menstruacyâ

ҳайз

vagina

маҳбал

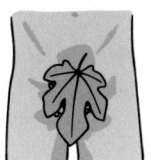

penis

кер

brov'

абрӯ

volosy

мӯй

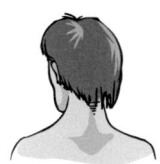

šeâ

гардан

telo - бадан

bol'nica
бемористон

bol'nica
бемористон
mašyna skoroj pomoŝi
ёрии таъҷилӣ
kreslo-katalka
аробачаи маъюбон
perelom
шикасти устухон

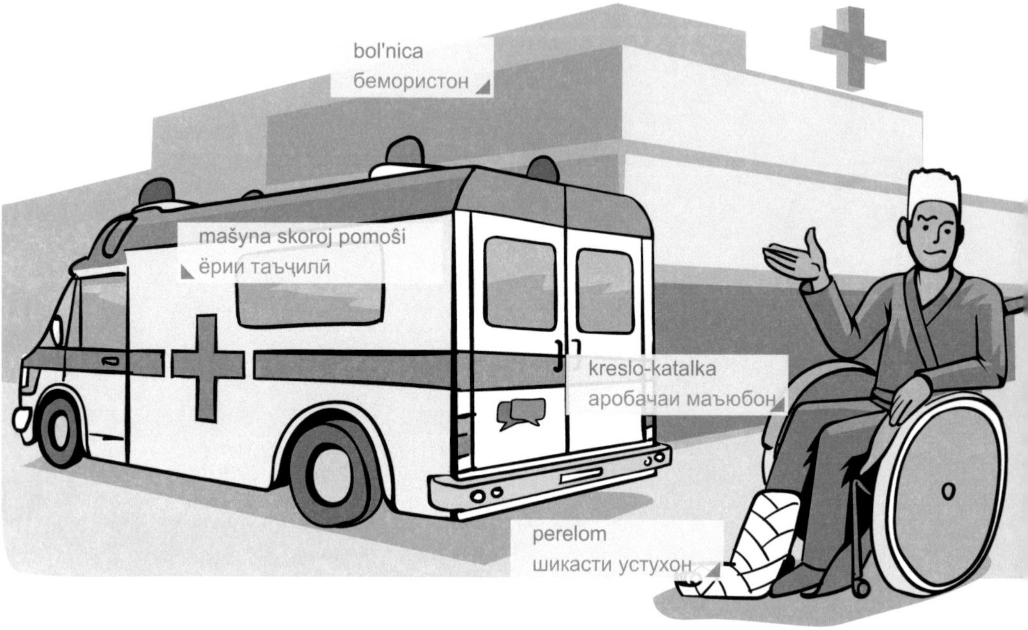

vrač

духтур

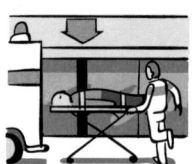

punkt pervoj pomoŝi

ҳуҷраи ёрии фаврӣ

medsestra

ҳамшираи тиббӣ

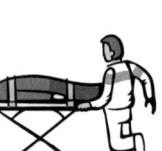

neotložnyj slučaj

ҳолати фавқулодда

bez soznaniâ

беҳуш

bol'

дард

72 bol'nica - бемористон

povreždenie

ҷароҳат

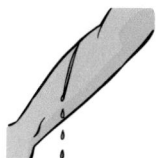

krovotečenie

хунравӣ

infarkt

дилзанак

insul't

сактаи майна

allergiâ

аллергия

kašel'

сулфа

povyšennaâ temperatura

табларза

gripp

грипп

ponos

шикамравӣ

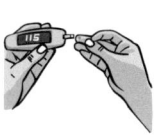

golovnaâ bol'

сардард

rak

саратон

diabet

диабет

hirurg

ҷарроҳ

skal'pel'

скалпел

operacyâ

ҷарроҳӣ

KT
Томографияи компютерӣ

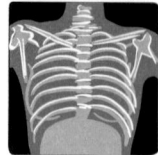

rentgen
шӯъои ренгенӣ

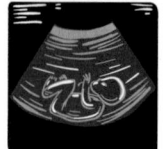

ul'trazvuk
ултрасадо

maska
ниқоби рӯй

bolezn'
беморӣ

priëmnaâ
ҳуҷраи интизорӣ

kostyl'
асобағал

plastyr'
марҳам

bint
дока

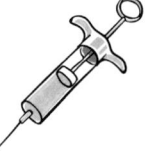

ukol
сӯзандору

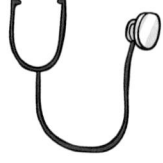

stetoskop
стетоскоп

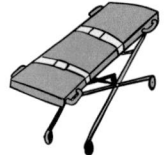

nosilki
занбар

termometr
ҳароратсанҷ

roždenie
таваллуд

izbytočnyj ves
вазни зиёдатӣ

bol'nica - бемористон

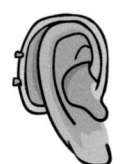

sluhovoj apparat

таҷҳизоти шунавой

dezinfekcyonnoe sredstvo

моддаи безараргардонӣ

infekcyâ

инфексия

virus

вирус

VIČ / SPID

ВИЧ / СПИД

lekarstvo

дору

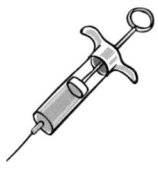

privivka

ваксинатсия

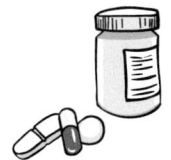

tabletki

ҳабҳо

protivozačatočnaâ tabletka

ҳаб

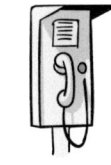

èkstrennyj vyzov

занги изтирорӣ

pribor dlâ izmereniâ
krovânogo davleniâ

монитори фишори хун

bol'noj / zdorovyj

бемор/солим

neotložnyj slučaj

ҳолати фавқулодда

Pomogite!

Кумак!

signal trevogi

ҳушдор

napadenie

ҳуҷум

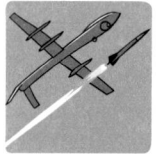

ataka

ҳамла

opasnost'

хатар

zapasnoj vyhod

баромадгоҳи таҳлиявӣ

Požar!

Сӯхтор!

ognetušytel'

оташнишон

nesčastnyj slučaj

садама

aptečka

доруқуттӣ

SOS

бонги хатар

milicyâ

полис

zemlâ
замин

Evropa
Аврупо

Severnaâ Amerika
Америкаи Шимолӣ

Ûžnaâ Amerika
Америкаи Ҷанубӣ

Afrika
Африка

Aziâ
Осиё

Avstraliâ
Австралия

Atlantičeskij okean
Уқёнуси Атлантик

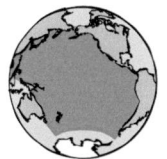

Tihij okean
Уқёнуси Ором

Indijskij okean
Уқёнуси Ҳинд

Antarktičeskij okean
Уқёнуси Антарктика

Severnyj Ledovityj okean
Уқёнуси Арктика

Severnyj polûs
Қутби шимол

zemlâ - замин

Ûžnyj polûs	Antarktika	zemlâ
Қутби ҷануб	Антарктика	замин

suša	more	ostrov
замин	баҳр	ҷазира
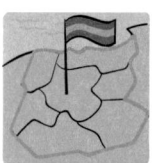	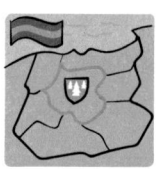	
nacyâ	gosudarstvo	
миллат	давлат	

časy
вақт

cyferblat — časovaâ strelka — minutnaâ strelka

сиферблат — ақрабаки соат — ақрабаки дақиқашумор

  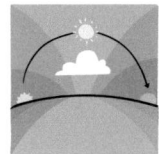

sekundnaâ strelka — Kotoryj čas? — den'

ақрабаки сонияшумор — Соат чанд? — рӯз

vremâ — sejčas — èlektronnye časy

замон — ҳозир — соати электронӣ

minuta — čas

лаҳза — соат

nedelâ
ҳафта

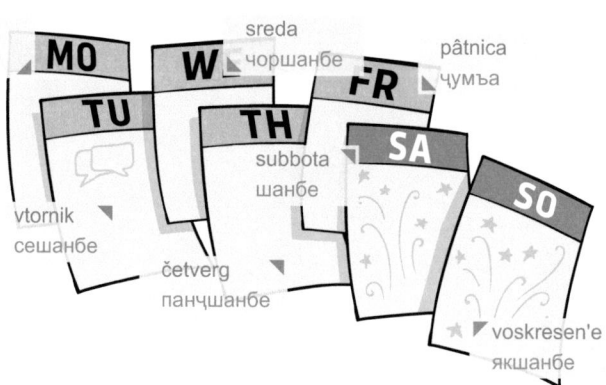

ponedel'nik
душанбе

sreda
чоршанбе

pâtnica
ҷумъа

vtornik
сешанбе

četverg
панҷшанбе

subbota
шанбе

voskresen'e
якшанбе

včera

дирӯз

segodnâ

имрӯз

zavtra

фардо

utro

пагоҳирӯзӣ

polden'

нимрӯз

večer

шом

rabočie dni

рӯзҳои корӣ

vyhodnye

истироҳат

god
сол

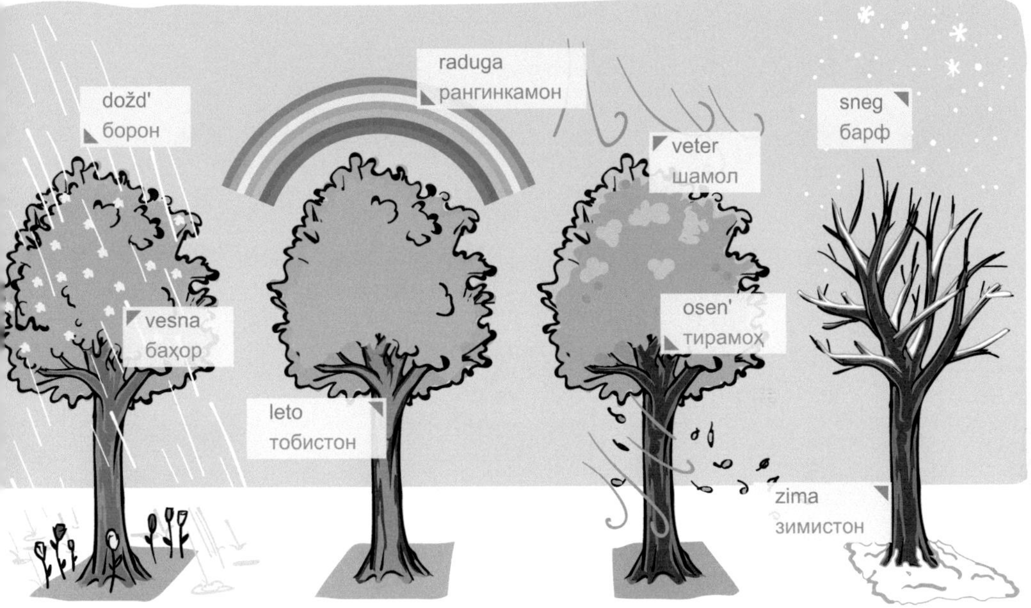

dožd'
борон

raduga
рангинкамон

veter
шамол

sneg
барф

vesna
баҳор

leto
тобистон

osen'
тирамоҳ

zima
зимистон

prognoz pogody

Обу ҳаво

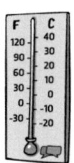

termometr

ҳароратсанҷ

solnečnyj svet

равшании офтоб

tuča

абр

tuman

туман

vlažnost' vozduha

намнок

molniâ

барқ

grom

тундар

burâ

тӯфон

grad

жола

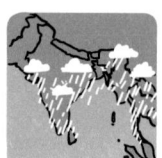

musson

муссон

navodnenie

обхезӣ

lëd

ях

ânvar'

январ

fevral'

феврал

mart

март

aprel'

апрел

maj

май

iûn'

июн

iûl'

июл

avgust

август

sentâbr'
сентябр

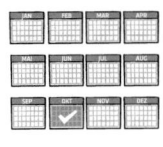
oktâbr'
октябр

noâbr'
ноябр

dekabr'
декабр

formy
баст

krug
давра

kvadrat
мураббаъ

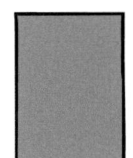
prâmougol'nik
росткунья

treugol'nik
секунья

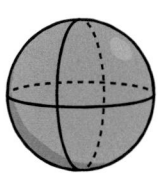
šar
соњаи

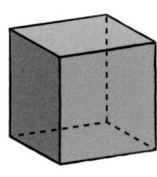
kub
мукааб

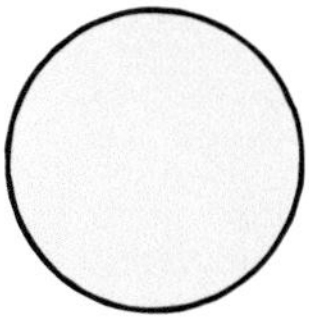

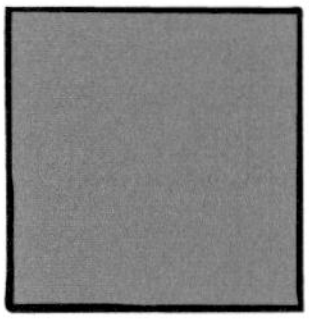

formy - баст 83

cveta
рангҳо

belyj
гулобӣ

želtyj
хокистаранг

oranževyj
зард

rozovyj
бунафшранг

krasnyj
сурх

lilovyj
қаҳваранг

sinij
кабуд

zelënyj
сиёҳ

koričnevyj
кабуд

seryj
сафед

černyj
сабз

protivopoložnosti
мухолифат

mnogo / malo

бисёр/кам

ârostnyj / mirnyj

хашмгин / ором

krasivyj / urodlivyj

зебо/безеб

načalo / konec

оғози / охири

bol'šoj / malen'kij

калон/хурд

svetlyj / temnyj

дурахшон / торик

brat / sestra

бародари / хоҳар

čistyj / grâznyj

тоза/чиркин

polnyj / nepolnyj

пурра / нопурра

den' / noč'

рӯзи / шаб

mërtvyj / žyvoj

мурдагон / зинда

šyrokij / uzkij

кушод/танг

s"edobnyj / nes"edobnyj

хӯрданӣ / хӯрданашаванда

zloj / druželûbnyj

бад/нек

vzvolnovannyj / skučaûŝij

ба ҳаяҷон / дилгир

tolstyj / hudoj

ғавс/борик

snačala / v konce

якум/охирин

drug / vrag

Дӯсти / душмани

polnyj / pustoj

пур/холӣ

tvërdyj / mâgkij

сахт/мулоим

tâžëlyj / legkij

вазнин/сабук

golod / žažda

гуруснагӣ / ташнагӣ

bol'noj / zdorovyj

бемор/солим

nezakonnyj / zakonnyj

ғайриқонунӣ / ҳуқуқӣ

umnyj / glupyj

соҳибақл / беақл

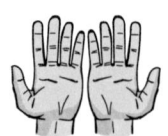

sleva / sprava

рост/чап

blizko / daleko

наздик/дур

protivopoložnosti - мухолифат

novyj / poderžannyj

нави / истифода бурда мешавад

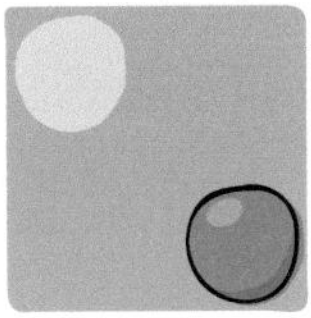

ničto / nečto

ҳеҷ / чизе

staryj / molodoj

пир/ҷавон

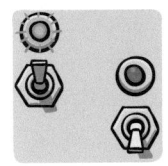

vklûčeno / vyklûčeno

оид / хомӯш

otkryto / zakryto

кушода/пӯшида

tiho / gromko

паст/баланд

bogatyj / bednyj

бой/камбағал

pravil'nyj / nepravil'nyj

дуруст/нодуруст

šerohovatyj / gladkij

дурушт/ҳамвор

pečal'nyj / sčastlivyj

ғамгин/хушбахт

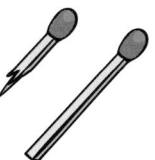

korotkij / dlinnyj

кӯтоҳ/дароз

medlennyj / bystryj

оҳиста/тез

mokryj / suhoj

тар/хушк

tëplyj / prohladnyj

гарм / сард

vojna / mir

ҷанг / сулҳ

protivopoložnosti - мухолифат

cyfry
ададҳо

0 nol' / нол

1 odin / як

2 dva / ду

3 tri / се

4 četyre / чор

5 pât' / панҷ

6 šest' / шаш

7 sem' / ҳафт

8 vosem' / ҳашт

9 devât' / нӯҳ

10 desât' / даҳ

11 odinnadcat' / ёздаҳ

12 dvenadcat' — дувоздаҳ

13 trinadcat' — сенздаҳ

14 četyrnadcat' — чордаҳ

15 pâtnadcat' — понздаҳ

16 šestnadcat' — шонздаҳ

17 semnadcat' — ҳабдаҳ

18 vosemnadcat' — ҳаждаҳ

19 devâtnadcat' — нуздаҳ

20 dvadcat' — бист

100 sto — сад

1.000 tysâča — ҳазор

1.000.000 million — миллион

cyfry - ададҳо

âzyki
забонҳо

anglijskij

англисӣ

amerikanskij anglijskij

англисии амрикоӣ

mandarinskij kitajskij

мандарини хитоӣ

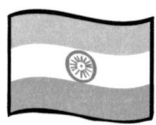

hindi

ҳиндӣ

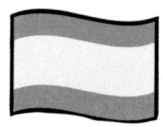

ispanskij

испанӣ

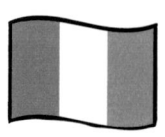

francuzskij

фаронсавӣ

arabskij

арабӣ

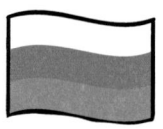

russkij

русӣ

portugal'skij

португалӣ

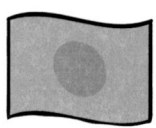

bengal'skij

бенгалӣ

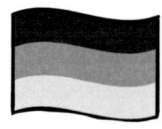

nemeckij

олмонӣ

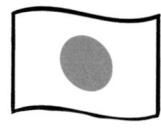

âponskij

ҷопонӣ

kto / čto / kak
ки / чиро / тавр

â

ман

ty

шумо

on / ona / ono

Ӯ / вай / он

my

мо

vy

шумо

oni

онҳо

kto?

ки?

čto?

чӣ?

kak?

Чӣ хел?

gde?

дар куҷо?

kogda?

кай?

imâ

ном

gde

дар куҷо

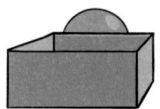

za

аз паси

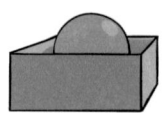

v

дар

pered

дар пеши

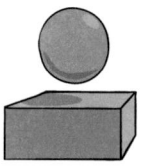

nad

дар болои

na

дар рӯи

pod

дар зери

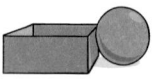

râdom

дар назди

meždu

миёни

mesto

ҷой